CONSIDÉRATIONS

SUR

QUELQUES DOCTRINES POLITIQUES

DE M. FIÉVÉE.

CONSIDÉRATIONS

SUR

QUELQUES DOCTRINES POLITIQUES

DE M. FIÉVÉE.

Peut-on opposer à un bien sagement consolidé des idées de perfection absolument abstraites, et des combinaisons républicaines qui ne peuvent se concilier avec l'esprit et les usages des gouvernemens monarchiques?

NECKER, *de l'Administration générale des Finances de la France*, t. 2, ch. 6.

A PARIS,

CHEZ LES MARCHANDS DE NOUVEAUTÉS.

—

1816.

A l'époque où M. Fiévée livra sa Correspondance au public, j'avais jeté sur le papier quelques réflexions que je destinais aux journaux. Des circonstances indépendantes de ma volonté en ont empêché l'insertion. Je prends une autre voie pour les publier.

Mon dessein n'est pas de rabaisser M. Fiévée. Je connais et j'apprécie son talent; il en faut beaucoup pour donner à un sophisme l'apparence d'une vérité géométrique. Mais nous sommes dans un tems où l'autorité des sophismes n'est pas de durée; la raison publique est plus forte qu'eux.

CONSIDÉRATIONS

SUR

QUELQUES DOCTRINES POLITIQUES

DE M. FIÉVÉE.

CHAPITRE PREMIER.

Etat de la question.

LE premier soin d'un écrivain qui entreprend d'établir une doctrine, c'est d'en poser les bases avec précision. Car, comment jugera-t-on qu'il a bien dit, si l'on ne sait point ce qu'il a voulu dire, et comment pourra-t-on mesurer la carrière qu'il a fournie, si l'on ne voit clairement le point d'où il est parti ?

Que s'il arrivait par hasard que cette obscurité fût volontaire, si l'écrivain ne s'était enveloppé de brouillards que pour dérober son but aux uns, aux autres sa marche ; s'il affectait, pour donner le change à l'analyse, d'employer une même locution dans des acceptions différentes, afin de pouvoir se retrancher sur un point quand il serait battu sur l'autre ; s'il présentait comme défini ce qui est en question , et qu'il mît en question ce qui est défini , ou qu'il franchît à pieds joints un écueil , afin de persuader qu'il n'y a point d'écueil ; avant tout , le devoir de la critique serait de pénétrer dans toutes ses ruses , de le suivre dans ses tours et retours , de ne pas l'abandonner enfin jusqu'à ce qu'il soit forcé d'être lui-même. C'est avoir deux fois Protée à combattre : une fois pour lui arracher son secret , l'autre fois pour montrer que ce secret n'est qu'un mensonge.

La première question que je me suis faite en lisant M. Fiévée, est celle-ci : Que semble dire M. Fiévée? et la seconde : Que dit-il en effet? J'avouerai sans peine que voilà , partout ailleurs, une division bien étrange. Mais M. Fiévée nous prévient qu'il y a peu de *lumières dans ceux qui ne manquent pas de bonne foi, et peu de bonne foi dans ceux qui ne manquent pas de lumières (a)*. N'est-ce pas dire combien nous devons être en garde contre lui (1) ?

M. Fiévée semble désirer le rétablissement, ou plutôt l'établissement des administrations provinciales , sur tous les points de la France. Ces administrations provinciales auraient pour

(a) *Corresp. polit. et administ.*

base les administrations communales, qui seraient elles-mêmes fondées sur les corporations. Ainsi des corporations élémens des
municipes, des municipes élémens des administrations de province. Ce système s'appuie
évidemment sur deux suppositions : la première, c'est que les corporations sont les
élémens nécessaires des administrations communales, et par suite des administrations
provinciales ; la seconde, c'est que, dans le
système actuel, il n'existe point de ces sortes
d'administrations.

Or, premièrement, les corporations sont-
elles, par rapport aux administrations locales,
des élémens nécessaires? L'unique fondement
de l'affirmative, c'est qu'autrefois les corporations existaient au sein de ces administrations. Mais si leur coexistence n'était qu'acci-
dentelle ou fortuite, si c'était moins une
combinaison d'élémens qu'une superposition
de choses diverses, l'exemple ne prévaudrait
pas contre la théorie, et le raisonnement de
M. Fiévée ne serait qu'un sophisme du genre
de ceux que l'on nomme dans l'école, *cum
hoc, ergo propter hoc*. Ce serait pis encore,
si le témoignage de l'histoire, en apparence
favorable à sa doctrine, la démentait au fond ;
si les administrations provinciales étaient je

ne dis point d'une nature contraire, mais au moins d'une origine contraire à celle des corporations ; distinction qui, pour le dire en passant, pourrait bien n'en être pas une.

La France était divisée en pays d'états et en pays d'élection, lorsque M. Necker imagina, en 1778, d'établir dans ces derniers pays une forme d'administration, ou qui les rapprochât des pays d'états, ou qui rapprochât d'eux les pays d'états, conséquences opposées, mais également probables ; car elles découlaient si facilement l'une et l'autre du nouveau système, qu'il était permis alors d'ignorer si l'objet du réformateur était de neutraliser l'esprit de démocratie, dont les invasions n'étaient plus un mystère, ou d'arrêter les tyrannies locales qui, par un plus long circuit, auraient inévitablement conduit les peuples au même but ; ou peut-être d'allier ce double effet, et d'affranchir en même tems la royauté de toutes ses entraves. Au reste ce ne fut là qu'un essai, un essai tenté dans une profonde paix, avec tous les tempéramens sans lesquels il n'est point de changement salutaire, et sur une seule province, sur une province peu industrieuse, située au milieu des terres, riche de ses mœurs douces et tranquilles, et de ses vertus patriarchales. Ce ne sont point là des remarques à dédaigner. Les corporations se trouvant établies là comme partout ailleurs, il est clair que le nouveau système devait marcher avec les corporations ; mais non point pour les seconder, ni pour être secondé par elles. Car, tandis que, dans le pays d'états, le pouvoir remontait ou devait naturellement remonter de degré en degré, dans les administrations provinciales, au contraire, le pouvoir descendait, puisque les membres de ces administrations, nommés directement par le Roi, pris indistinctement dans les trois ordres, avec ou sans proportion de nombre et de rang, ne représentaient véritablement que le Roi. En sorte que la mission des nouveaux administrateurs n'était point de conserver des intérêts distincts, comme dans les pays d'états, mais d'identifier tous les intérêts : au lieu que l'esprit des pays d'états était un esprit d'isolement, celui-ci, au contraire, était un esprit de fusion. Il s'ensuit que les corporations, si nécessaires aux administrations des pays d'états, n'étaient en rien liées à des administrations qui ne puisaient point leur existence en elles. Et comme, en politique, inutile et nuisible sont à-peu-près synonymes, on peut conjecturer ce que les corporations seraient devenues dans un système qui ne les admettait ni comme élémens d'existence, ni comme moyens de conservation.

Ceux qui confondent les états provinciaux avec les administrations provinciales, associent donc dans leur pensée des conseils oligarchiques ou populaires, avec des conseils purement monarchiques, des digues élevées contre le pouvoir royal, soit par les priviléges (2) des trois ordres, soit par les priviléges des corporations, c'est-à-dire par tous les intérêts personnels, avec les digues élevées par le pouvoir royal et contre l'arbitraire de ses délégués, qui sous d'autres formes tendait peut-être à ressusciter l'oligarchie des siècles de ténèbres, et contre la licence de l'esprit démocratique qui menaçait le trône d'une guerre prochaine et violente. Il n'est donc pas vrai qu'il faille chercher dans les corporations, dans les priviléges des villes, dans les pays d'états, en un mot, le principe, ni l'esprit, ni l'objet des administrations provinciales.

Le second point que je me suis engagé à traiter, est un point de fait. Il faut savoir si les administrations provinciales et municipales existent ou n'existent point. J'ouvre la loi constitutive des préfectures, et j'y lis ce qui suit :

« Le conseil de département s'assemblera
» chaque année. L'époque de la réunion sera
» déterminée par le Gouvernement ; la durée
» de la session ne pourra excéder quinze jours.

» Il nommera un de ses membres pour
» président, et un autre pour secrétaire.

» Il fera la répartition des contributions
» directes entre les arrondissemens commu-
» naux du département.

» Il statuera sur les demandes en réduction
» faites par les conseils d'arrondissement, les
» villes, bourgs et villages.

» Il déterminera, dans les limites fixées par
» la loi, le nombre des centimes additionnels
» dont l'imposition sera demandée pour les
» dépenses du département.

» Il entendra le compte annuel que le
» préfet rendra de l'emploi des centimes ad-
» ditionnels qui auront été destinés à ces dé-
» penses.

» Il exprimera son opinion sur l'état et les
» besoins du département, et l'adressera en-
» suite au ministre de l'intérieur. »

Mêmes dispositions pour les conseils d'arrondissement ; mêmes dispositions pour les
conseils municipaux ; c'est bien là le plan de
M. Necker, ce sont bien là, je pense, les administrations provinciales de M. Necker, excepté

que la série s'arrête aux communautés d'habitans, puisqu'il n'existe plus de communautés d'arts et métiers ; excepté aussi que les conseils généraux ne sont point formés de l'élite des trois ordres, puisque les trois ordres n'existent plus. Que cette loi sous Bonaparte ait reçu ou n'ait point reçu toute son exécution ; que des décrets, des sénatus-consultes, des actes arbitraires décorés du nom de lois, à force d'exceptions, de restrictions, de modifications perfides , l'aient si étrangement dénaturée, qu'il soit impossible de la reconnaître dans le régime qu'ils avaient successivement établi ; que Bonaparte et son sénat et ses ministres constamment animés d'un esprit de rapine et de violence n'aient jamais édifié que pour détruire, ceci ne touche pas à la question. Nous savons bien que le despotisme se joue des lois et des hommes, et qu'il ne prend conseil que du besoin présent, par une sorte de pressentiment de son peu de durée.

Ainsi les administrations provinciales et communales, ou, pour parler la langue de M. Fiévée, le pouvoir provincial et le pouvoir communal existent.

Ce que M. Fiévée semble dire se réduit donc à rien.

Je ne balance pas à tirer cette conséquence,

que ce qu'il semble dire n'est pas ce qu'il dit en effet.

Que dit-il donc? Qu'il faut, non pas rétablir, mais établir partout des assemblées pareilles à celles qui constituaient les pays d'états.

Pour me résoudre à ce choix, peut-être flatteur, peut-être sévère, entre l'adresse de M. Fiévée, et sa bonne foi, il ne m'a fallu rien moins que les demi-confidences qui lui échappent quelquefois, et qu'on trouve comme bloties dans quelques coins de sa Correspondance (3). En voici une entre mille, prise au hasard dans la quatrième partie :

« Chaque pouvoir semble sentir qu'il n'est » pas encore complet. L'aristocratie sait ce » qui lui manque (et que lui manque-t-il? des intérêts particuliers à défendre. *Voyez* l'Hist. de la Session de 1815). Le pouvoir » démocratique sait que sans communes, sans » administrations provinciales (nous avons prouvé plus haut que c'est là regretter ce qui existe), sans corporations, il ne repose sur » rien (rien que sur l'amour du Roi et de la patrie, rien que sur la communauté d'intérêts); le pouvoir royal, incertain dans une » position nouvelle pour lui (il est dans la position que lui assigne sa propre nature, dans la position qu'il s'est assignée lui-même ; il est ce qu'il a été pendant les cinq premiers siècles de la monarchie, et ce qu'il a constamment tenté d'être pendant cinq autres), ne trouvant plus après une longue » interruption les antiques appuis qui ren- » daient ses mouvemens assurés (il en a de plus antiques, et qui, sous le nom d'appuis, ne cachent rien d'hostile ; il en a de plus réguliers, puisqu'il les a créés, disposés, coordonnés lui-même), n'est rien moins que » disposé à croire que ses ministres supplée- » ront aux appuis nouveaux que lui a donnés » la Constitution. » Ici je cesse d'entendre l'auteur. Il n'a sûrement pas voulu dire que les ministres ont accru leur pouvoir de celui des pairs et des députés ; cela ne serait pas seulement faux, mais ridicule. Peut-être aurons-nous plus tard la clef de ce mystère. Mais revenons à ce mot de pouvoir, employé dans des acceptions et pour des objets dif- férens. Tout ceci, je le sais, ne ressemble pas mal à un article du dictionnaire de Trévoux, ou à une dissertation de Ménage. Mais ce n'est pas ma faute si M. Fiévée prend tous ses ar- gumens dans la grammaire, et se fait un prin- cipe d'un jeu de mots ou d'une étymologie forcée (4).

La Charte distingue trois pouvoirs, le

pouvoir législatif, le pouvoir exécutif, le
pouvoir judiciaire : ces trois pouvoirs, que
M. Fiévée n'entend pas, ou qu'il feint de
ne pas entendre, ne sont pas trois corps
constitués, organisés, complets, existant
chacun d'une existence propre et indépen-
dante, comme les pouvoirs monarchique,
aristocratique et démocratique. Ce sont trois
manifestations d'une existence unique, trois
fonctions d'une même société, trois facultés
inhérentes à sa nature, nécessaires à sa conservation, divisibles seulement par l'analyse ;
mais tellement indivisibles en réalité, que,
dans les états démocratiques, le peuple par-
ticipe à chacun des trois, faisant des lois,
nommant des magistrats, rendant des juge-
mens. Pareillement, dans une société monarchique, le monarque est législateur par l'ini-
tiative et la sanction, chef de la justice par le
droit qu'il a seul entre tous d'en modifier les
arrêts ; agent unique, puisque toute action
dérive de lui. Voilà bien l'unité de vie (5).
Mais de substituer à cette signification abs-
traite du mot de pouvoir une signification
purement physique, de prétendre que trois
corps distincts et complets ne forment qu'un
tout, de placer l'unité dans la désunion, la vie
dans la dissolution, c'est une absurdité en

métaphysique, en politique et partout. Admettez trois ordres d'intérêts, entendez par ce mot de trois pouvoirs trois aggrégations armées chacune de son levier, vous n'aurez point trois élémens, ni même trois organes d'un corps social ; vous aurez trois sociétés véritables que tous les raffinemens de la politique auront peine à concilier (6). Si la société procède comme la nature, la pluralité des centres de vie, c'est l'ébauche ; l'unité du centre, c'est la perfection. Il ne faut point chercher ailleurs la mesure du bon et du beau ; et toutes les fois qu'au milieu des bienfaits d'une civilisation épurée, j'entends regretter cette hiérarchie grossière de la vieille féodalité, il me semble entendre un naturaliste soutenir que l'organisation d'un ver est plus parfaite que celle d'un homme.

Ce que nous avions à prouver, c'est que dans la langue de M. Fiévée, ce mot d'administrations provinciales est synonyme de pays d'états.

Il s'ensuit que tel est le véritable état de la question :

Faut-il établir dans tous les départemens de la France les anciennes constitutions de pays d'états ? ou, en d'autres termes, faut-il ressusciter les priviléges des ordres, des corporations, des provinces et des villes ?

Un seul mot briserait tout cet échafaudage, et ce mot magique, c'est la Charte.

Mais j'aurais honte de ressembler à ces négromans qui, avec une formule, conjuraient des tempêtes et renversaient des armées; et quel profit d'ailleurs retirerais-je de ma formule aux yeux de ceux qui mettent la Charte elle-même en jugement (7)? Je me propose de prouver que les constitutions des pays d'états sont contraires à l'esprit d'un Gouvernement régulier quelconque, à l'esprit de la monarchie en particulier, et plus encore à la situation actuelle des choses.

CHAPITRE II.

Que la division d'un État par ordres et corporations est contraire à l'esprit de tout Gouvernement régulier.

Il faut prouver que l'esprit d'un Gouvernement régulier quelconque est en opposition manifeste avec le système de M. Fiévée. Convaincu que la science du Gouvernement est une science toute d'observation et d'expérience, ce n'est point par des abstractions, mais par des faits que j'aurais combattu ces étranges doctrines, si l'on n'eût essayé d'altérer les faits par des abstractions. Cet examen était purement historique ; on a voulu en faire une discussion métaphysique, sans doute parce qu'il est plus aisé d'être subtil que d'être profond, et d'aiguiser un argument spécieux que d'exhumer une vérité enfouie.

L'esprit d'un Gouvernement régulier quelconque, c'est l'unité. Ce mot d'unité est synonyme d'ordre, d'ensemble, d'harmonie ; il est l'élément du vrai dans les sciences, comme l'élément du beau dans les arts ; et cependant combien de guerres n'a-t-il pas eues à soutenir ! comme on l'a ravalé faute de l'entendre ! Il est le type de la perfection ; on en a fait celui de la dégradation. La tyrannie est venue arracher à la liberté son plus précieux symbole pour s'en faire une arme contre elle ; et, parce qu'il est devenu meurtrier dans ses mains, on a conclu qu'il était meurtrier de sa nature. Voilà les hommes ! Essayons de rétablir les idées dans leur ordre naturel ; et puisqu'avec une fausse métaphysique on a voulu nous égarer dans de fausses routes, appelons pour en sortir la véritable métaphysique à notre aide.

Comme une chose ne peut avoir plus d'un

commencement, un système digne de ce nom n'a pas plus d'un principe. Il y a unité toutes les fois que le principe unique s'accorde avec les moyens, et les moyens avec le but. Il y a donc unité dans la démocratie même, quand la démocratie est bien constituée ; il n'y aurait pas unité dans la monarchie même si la monarchie était mal constituée.

Concluons que sous un point de vue général, même abstraction faite de la forme du Gouvernement, tout ce qui, dans la combinaison des élémens, tend à l'unité, est bon ; tout ce qui détruit ou altère l'unité est mauvais.

Ce n'est pas qu'on ne prenne quelquefois pour l'unité ce qui est le plus loin d'elle. Ainsi, dans le despotisme l'action est une, il est vrai ; mais par la compression de tous les mouvemens ; la volonté est une, mais par la compression de toutes les volontés. Là tout le monde a perdu l'usage de ses mains, hors un homme ; toutes les voix sont étouffées, hors une voix.

L'autre fausse unité est plus savante, mais elle n'en est pas moins fausse. C'est celle qui résulte de l'équilibre entre des forces contraires. Cet équilibre supplée à l'unité, il la représente ; mais ce n'est point elle. Il n'est comme le despotisme que la différence des forces; la véritable unité en est la somme; mais toutes ces mécaniques si compliquées ne sont bonnes qu'à faire admirer l'habileté du mécanicien; l'esprit s'épouvante de cette foule de rouages, et craint à chaque instant qu'ils ne se brisent l'un l'autre.

Il faut chercher la raison de ces luttes nécessaires et de ces conciliations artificielles dans l'histoire des sociétés. La plupart s'étaient constituées on ne sait trop comment. L'instinct moral, quelques traditions obscures, les aggrégations successives qui apportaient à la communauté de nouvelles mœurs, quelquefois la conquête, quelquefois les révolutions de la nature; enfin cette foule inombrable de circonstances inaperçues qu'on est convenu de nommer le hasard, avaient donné aux sociétés naissantes une forme plus ou moins bizarre, dont le besoin, l'habitude ou le danger commun déguisaient les irrégularités. Peu-à-peu ces irrégularités produisirent leur effet naturel; l'édifice tombait en ruines, les natures ennemies reparaissaient. C'est le moment de la réforme. Si le réformateur eût préexisté à la société, il aurait pû créer; mais il venait après; il ne pouvait qu'arranger ce qui était créé. On conçoit bien que pour établir un foyer unique, il eût fallu résoudre le corps social dans ses parties les plus élémentaires, et des groupes, des masses étaient déjà formés. Ce que le législateur eut à faire, ce fut de disposer ces groupes de façon qu'ils ne se choquassent point entr'eux; et l'organisation qui, pour être parfaite, devait sortir d'une pensée unique, marquée à-la-fois de tant d'empreintes diverses, ne fut qu'un mélange mal assorti d'organisations contraires; mais comme on ne trompe point la nature, ce mélange dura peu. Le génie n'avait fait que donner une forme à l'œuvre du hasard; la nature, plus forte que le génie, effaça cette forme fugitive, et brisa ce lien mystérieux dont le secret ne peut rester long-tems caché. A chaque instant il fallut radouber, réparer, ajouter, retrancher. Si le sénat contient faiblement les rois, on crée des éphores pour les contenir; et qui contiendra les éphores? « Pendant que Rome conquérait » l'univers, dit Montesquieu, il y avait dans » ses murailles une guerre cachée; c'étaient des » feux comme ceux des volcans qui sortent » sitôt que quelque matière vient en aug-» menter la fermentation. » C'est qu'il y avait à Rome deux puissances réelles, et par conséquent rivales. On sait comment elles périrent au milieu de leur plus grand éclat,

et comment, tour-à-tour victorieuses et vain-
cues, elles ne cessèrent de lutter que pour
tomber l'une par l'autre sous un même joug.
L'histoire de Rome est celle de tous les états
qui se composent d'ordres et de corporations,
parce que la constitution de ces états n'est
qu'un traité de paix ; or dans un traité de paix
les différences subsistent, car il n'y a pas d'accord à établir dans ce qui est une seule et même
chose, et l'on sait trop que tout traité de
paix n'est guère qu'une trève.

Mais si les divisions d'intérêts sont funestes
aux républiques, que sont-elles dans les mo-
narchies? Est-ce le rôle de médiateur que vous
assignez au monarque? Trop puissant, il ab-
sorbe les intérêts au lieu de les concilier ; trop
faible, il devient tôt ou tard l'auxiliaire du
plus fort; où est la juste mesure? et si quelqu'un
doute combien elle est difficile à trouver, qu'il
interroge la fin de nos deux premières dynas-
ties, et j'oserai dire les six premiers siècles de
la troisième, c'est-à-dire, son histoire pres-
qu'entière. Ajoutez qu'un rôle de médiateur
est en quelque sorte accessoire, puisque dans
la concorde il n'y aurait point de médiateur. Transportez-vous la médiation au pouvoir aristocratique ? qu'est-ce qu'un trône
soumis à l'arbitrage des sujets, et, dans

le partage, de quel côté se trouve la dignité?

J'ai voulu prouver que de ces deux unités prétendues, celle du despotisme et celle de l'équilibre, l'une est l'effet de la violence et l'autre celui de la ruse; il est clair que la première unité cessera quand le poids qui écrase toutes les têtes sera ôté, et la seconde quand les rivaux auront pu renverser le mur qui les sépare.

Quelle est donc la véritable unité? C'est celle qui résulte de la fusion des intérêts, et non de leur compression, ni de leur équilibre. On ne la fonde point sur l'accord des contraires; car c'est se moquer que de comparer le choc des passions à des harmonies musicales; et ce que la nature divise, la loi des hommes ne le conciliera point. Dans ce système, le seul véritable, il y a liberté, parce qu'il y a égalité de droits; il y a unité de volonté, parce qu'il y a unité d'intérêts. A la vérité tout périt à-la-fois parce que tout vit d'une même vie; mais ne périt que tard, parce que tout s'emploie et que rien ne se perd dans les collisions. Admettez les intermédiaires; que de transformations l'intérêt personnel devra subir pour devenir l'intérêt national! Otez les intermédiaires, il n'en subira qu'une. Mais c'est-là le despotisme, dira quelqu'un. Unité de mesure, d'action, de volonté, de pouvoir réel, le despotisme est là, ou il n'est nulle part; il faut donc l'avouer. C'est le despotisme que je veux; mais le despotisme de qui? de la société sur elle-même; car, dans ma pensée, la meilleure définition de la liberté, c'est une dépendance réciproque. Il y aurait despotisme en effet si les trois pouvoirs étaient cumulés en un point, c'est-à-dire si un seul exerçait tous ces pouvoirs dans toute leur plénitude. Et si chacun de ces pouvoirs, dans sa plénitude, était exercé par un seul, il y aurait triple despotisme. Mais si le chef communique avec les membres, et ceux-ci avec le chef, en telle sorte que, par ces communications insensibles et fécondes, la vie se répande dans tout le corps politique, comme par de semblables progrès elle se répand dans le corps humain, où sera, je vous prie, le despotisme? On parle beaucoup de la balance des pouvoirs! Si l'on entend l'accord des hommes qui ont des pouvoirs différens, nous croyons avoir prouvé que c'est la pierre philosophale de la politique : si l'on entend en effet la balance des pouvoirs considérés en eux-mêmes, elle est dans leur définition : elle consiste, non pas à ce que chacun soit séparément exercé, mais à ce que chacun soit exercé comme il convient à sa nature. Ainsi les facultés intellectuelles se règlent et se balancent dans l'esprit humain. Ainsi chaque perfection de la Divinité, s'il est permis de puiser nos comparaisons à cette source, a sa limite ou sa balance dans les autres perfections.

Après cela, que l'on juge cette phrase : « La » Providence a voulu que les grandes asso- » ciations humaines ne fussent complètement » civilisées que quand la volonté de la société a » son *unité* dans un Roi, une aristocratie pour » conserver l'esprit de famille, cet esprit gé- » nérateur dont la vie des patriarches est un » modèle divin, et la démocratie pour défendre » les intérêts individuels dont personne n'est » légalement privé. » *T.* 3, *p.* 101.

L'unité de la société est dans la correspondance parfaite de tous ses élémens.

L'unité de volonté résulte du concours des trois volontés législatives ; et je me sers même de ce mot *trois volontés*, pour n'en pouvoir pas employer d'autre ; car ce serait plutôt *pensées* qu'il faudrait dire.

L'esprit de famille est évidemment dans la royauté, qui représente le pouvoir paternel, et non dans l'aristocratie, qui représente le droit très-contesté et très-contestable de primogéniture.

Les intérêts individuels, pour être défendus,

n'ont pas besoin d'être réunis dans une forme et sous des règles qui les empêchent d'être individuels.

On ne manque point de répondre à tout cela par l'exemple de l'Angleterre ; outre que le régime d'un peuple n'est jamais un modèle parfait pour un autre peuple, et que les résultats diffèrent naturellement quand les antécédens ne sont point les mêmes, est-ce bien en effet de l'équilibre des trois principes que résulte la liberté anglaise ? Je m'appuierai ici d'une autorité que M. Fiévée ne désavouera point : c'est celle d'un écrivain bien plein comme lui de respect pour le régime féodal, et qui place l'âge d'or dans le moyen âge. M. Rubichon, qui a observé et bien observé l'Angleterre, fait un recensement des membres de la chambre des communes, duquel il résulte que sur 658 votes il n'y en a que 58 pour les jurisconsultes, négocians et manufacturiers. Les six cents autres sont pour des fils aînés de pairs, qui seront pairs un jour, ou pour des fils cadets qui n'ont qu'un titre de courtoisie, ou pour des propriétaires qui jouissent de redevances féodales, ou pour les héritiers présomptifs et parens des possesseurs de fiefs.

Quel est donc ce pouvoir démocratique qui se compose d'élémens aristocratiques, et qu'est-ce qu'un esprit aristocratique qui , par le seul fait de l'élection, se transforme en esprit démocratique , sauf à redevenir aristocratique à point nommé , lorsqu'il faudra siéger parmi les pairs? C'est qu'on a voulu distinguer plusieurs principes où il n'en existe véritablement qu'un; c'est que toutes ces transformations ont trompé M. Fiévée, qui devait s'y laisser tromper moins que personne. Mais s'il régnait chez nos voisins plus d'un esprit et plus d'un intérêt politique , le même homme pourrait-il prendre et quitter tour-à-tour des intérêts et des esprits divers? et, s'il le pouvait, serait-ce sans danger pour l'Etat? Non ; il prend l'un sans perdre l'autre ; et voilà précisément en quoi consiste l'unité. Une manie de nos modernes Solons , c'est de faire honneur à l'Angleterre de leurs sublimes pensées. Désintéressement admirable, et dont M. Fiévée nous a donné plus d'un exemple.

CHAPITRE III.

En Continuation , ou *du Ministère.*

Dans l'intérêt des réformateurs , il fallait représenter le ministère comme distinct du Gouvernement. Cette distinction , qui semble

n'être d'abord qu'un abus d'analyse , serait
en effet un coup de maître , si l'on parvenait
jamais à l'établir comme principe. Un mot
éclaircira tout. Il s'agit de la création d'un
nouveau pouvoir. Comme l'on ne peut se dis-
simuler que les attributions de ce pouvoir ne
soient en effet des attributions ministérielles ,
il était nécessaire d'isoler les ministres. On
n'aurait pas bonne grâce à proposer une in-
vasion sur le domaine du souverain. On sera
mieux reçu à soustraire quelque chose de l'autorité des ministres.

Un jeu de mots , une distinction forcée ,
voilà tout le fondement de ce dogme nouveau.
On la retourne en mille manières , on la re-
produit sous mille formes , on la présente
comme fait, on la présente comme principe.
Examinons-la scrupuleusement , pour en ap-
précier la valeur.

Le ministère n'est pas le Gouvernement !
Si l'on entend que les ministres ne sont rien
par eux-mêmes , que tout leur pouvoir n'est
qu'un pouvoir emprunté, que c'est par le Roi ,
pour le Roi qu'ils existent, on aura dit vrai.
Mais qui songe à nier cette vérité banale ? qui !
M. Fiévée lui-même , en s'obstinant à considérer cette autorité, comme toutes les autres,
hors de leur source. Non-seulement le pou-

voir royal est antérieur à celui des ministres ; il est même antérieur à tout autre pouvoir, puisque c'est de lui qu'ils émanent tous. Par où, pour le dire en passant, l'on peut juger la doctrine de ceux qui ne conçoivent la liberté que dans l'opposition des pouvoirs créés au pouvoir créateur.

Mais le Gouvernement est placé sur la hauteur ; sa vue n'embrasse que de vastes objets, la paix, la guerre, la direction des forces, etc. A ce compte, le ministre qui rédige un manifeste ou un traité, celui qui règle de son cabinet la marche des armées, sont des ministres d'un autre ordre que les autres. Quelle pitié de séparer le développement d'une chose de cette chose même ! Que l'on me cite quelque acte de Gouvernement qui n'entraîne point des détails d'administration, ou quelque acte d'administration qui ne se rattache point à un acte de Gouvernement, M. Fiévée aura vaincu. Jusque-là qu'il me soit permis de croire que l'administration est le Gouvernement appliqué aux détails, comme le Gouvernement est l'administration appliquée à l'ensemble des choses. Si je me trompe, la conséquence naturelle, c'est que l'administration est un pouvoir distinct ; car il y a bien pouvoir, toutes les fois qu'il y a action, direction et objet. Mais, le croirait-on? de ce que l'administration n'est pas un pouvoir, M. Fiévée conclut qu'elle n'est pas le Gouvernement, c'est-à-dire qu'elle n'est pas hors de lui, parce qu'elle n'est pas en lui!

Le ministère n'existe que par l'impossibilié où se trouve le Gouvernement de faire tout sans auxiliaires; il s'étend ou se resserre en raison inverse des facilités que le pays offre au Gouvernement pour administrer lui-même, si bien qu'il serait nul dans un état très-borné, et qu'un seul ministre suffirait peut-être dans un état médiocre, ou bien dans un grand état où l'action de la royauté serait affaiblie, comme le chancelier suffisait aux premiers rois de la troisième race. Le nombre des ministres croît ou décroît suivant les besoins du moment, suivant la muliplicité des objets et leur connexion, ou leurs différences naturelles ou accidentelles. Le souverain peut à son gré diviser un ministère en deux, réunir deux ministères en un, confier à un seul homme la direction de tous les ministères. Dans ce dernier cas, je demande si cet homme appartient ou non au Gouvernement, si le cardinal de Richelieu, par exemple, ne gouvernait pas. Dans l'affirmative (car la négative serait aussi par trop étrange), je demande s'il existait alors deux Gouvernemens, celui du roi, et celui du cardinal (8).

Les ministres ne sont donc, ne peuvent être que les représentans du monarque. En les instituant, il n'a pas entendu détacher quelque chose de sa puissance, pour leur en composer un domaine spécial. Cette puissance, il la retient tout entière ; c'est sans la perdre qu'il la communique. Cette puissance, que ses agens exercent par lui et pour lui, est véritablement sienne. Je sais que dans l'usage on a pu distinguer ces deux choses, comme on distingue les aspects d'une même chose. Mais comme le pouvoir ministériel n'a point son principe, ses règles, ses limites distincts du principe, des règles, des limites du Gouvernement, comme c'est le contre-seing des ministres qui donne un caractère aux actes du Gouvernement, comme les ministres ne sont que les agens du Roi dans les détails de son Gouvernement, toute cette guerre contre l'administration est évidemment une guerre de mots.

Mais il avait plu à M. Fiévée de définir le Gouvernement, *la volonté de la société :* définition fausse dans le principe, puisque la société n'est constituée que par la volonté du Roi ; fausse dans la pratique, puisque, dans l'ordre qu'il a établi lui-même, et grâce aux concessions que sa magnanimité nous a faites, le Gouvernement, proprement dit, est bien l'exercice de la volonté publique, mais non point cette volonté même. Comme gouverneur, le souverain a toute la direction des forces ; comme législateur, il n'a que sa part dans la volonté publique. L'on ne peut que tomber de contradiction en contradiction toutes les fois qu'on ne rend pas loyalement hommage aux principes, et qu'on s'efforce d'en tirer une induction qu'ils n'avouent pas. Ainsi, pour établir une autorité nouvelle, il a bien fallu déguiser la source de cette autorité ; il a bien fallu, pour atténuer une autorité sacrée, la supposer étrangère à celle qui la représente ; on a dû placer l'autorité première où elle n'est pas, afin qu'on ne la cherchât point où elle est ; mais on ne trahit pas impunément la vérité. Chassée par un faux principe, elle se montre dans une fausse conséquence. On donne des subtilités pour des raisons ; on se perd dans des distinctions chimériques ; on exagère la puissance royale dans une définition pour l'affaiblir dans des créations nouvelles ; on la représente législatrice unique pour la séparer de ses émanations, et l'on en conclut le besoin de multiplier la puissance législative. On décrie dans un tome les assemblées délibérantes, et l'on propose dans d'autres d'étendre jusqu'aux dernières classes de l'Etat le droit de délibérer ; on veut et l'on ne veut pas, du moins en apparence ; car au fond la question est bien simple : tout se réduit au retour du régime féodal.

—

CHAPITRE IV,

Où l'on prouve, par l'histoire de la monar-chie, qu'elle repousse le système des ordres et corporations.

J'ai essayé de prouver que l'opinion de M. Fiévée n'est point compatible avec l'esprit de la monarchie en général ; il faut prouver qu'elle n'est point compatible avec l'esprit de la monarchie française en particulier.

S'il en faut croire la plupart des écrivains qui ont recherché nos titres dans le berceau de la monarchie, le Gouvernement était sous la première race, et resta même jusqu'à la fin de la seconde, ce qu'il est aujourd'hui, aux modifications près amenées par le tems. La noblesse ne formait point un corps ; le peuple était admis aux délibérations publiques ; les terres tenaient lieu de gages aux titulaires des offices, ou quelquefois servaient de récom-pense aux services rendus, comme les staros-ties de Pologne, mais, dans tous les cas, par des concessions temporaires. Je ne veux point m'engager ici dans un dédale sans issue, et concilier des systèmes par des systèmes. Il me suffit que les antrustions ne recevaient point de possessions qu'ils pussent transmettre, et que tout fief était par sa nature amovible. Quant à l'égalité absolue entre tous les Francs, je suis avec Montesquieu contre le sentiment de l'abbé Dubos, et j'en trouve la principale preuve dans les lois des Germains, source des lois des Francs. *Insignis nobilitas*, dit Tacite, *aut magna patrum merita, principis dignationem etiam adolescentulis adsignam (a)*. Il ajoute : *Gradus quin etiàm comitatus habet (b)*. Il est donc évident que l'institution de la noblesse est contemporaine de la monarchie. Mais ceci ne prouve rien contre l'amovibilité des fiefs, qui même n'étaient pas toujours conférés par les rois, mais souvent par les assemblées de la nation. C'est vers la fin de la deuxième race, à la faveur des troubles civils, au milieu de l'avilissement des rois et de l'esclavage des peuples, que prit

____

(*a*) Une noblesse illustre ou les services éclatans de leurs pères donnent quelquefois à de très-jeunes gens le rang de prince.

(*b*) Il y a même des degrés parmi les commensaux du prince.

naissance parmi nous ce système d'inféoda-
tion et sous-inféodation, qui fit de la propriété publique et de l'autorité royale le pa-
trimoine des gouverneurs et des officiers ;
même dès le cinquième siècle, l'ambition des
titulaires avait pu faire pressentir ce qu'elle
ferait un jour du Gouvernement. Et l'on peut
avouer qu'elle trouva un auxiliaire dans l'a-
varice insensée de ceux qu'elle s'apprêtait à
dépouiller ; témoin ce comte d'Auxerre, cité
par Grégoire de Tours, qui, pour se maintenir dans son office, envoyait au roi Gontran
une somme d'argent dont l'emploi trompa ses
espérances. On peut conjecturer que dès ce
moment même il se formait une ligue secrète
entre tous les vassaux immédiats, pour rete-
nir leurs fiefs contre la volonté des rois. Peu
à peu charges et fiefs devinrent héréditaires ;
la nation cessa d'être assemblée ; tout rentra
dans le chaos.

Le régime féodal fut en pleine vigueur depuis la fin du neuvième siècle, jusque vers le
milieu du douzième. Ce fut alors que les *missi
dominici* reparurent sous un autre nom ; ils se
nommèrent *enquêteurs*. Leur objet apparent
était d'examiner les comptes des baillis royaux
et des officiers de la couronne. Leur objet
plus réel était d'affaiblir l'autorité des sei-

gneurs, et de rendre à l'État l'unité qui lui était nécessaire. Il faut remarquer que l'établissement des enquêteurs est l'ouvrage de saint Louis , auteur des établissemens des communes.

Je voudrais pouvoir attribuer à une bizarrerie de goût l'admiration que certains écrivains professent pour les téms de la féodalité. S'il en fallait croire M. Rubichon parmi tous les autres, cette époque de notre histoire serait celle de notre véritable bonheur, et même de notre gloire ; les tems antiques ne seraient qu'une brillante barbarie, et les tems modernes qu'une brillante corruption ; et c'est dans le moyen âge que se retrouveraient les titres d'honneur de la nature humaine. Voilà pourtant à quoi conduit l'esprit de système. Les hommes traités comme des bêtes, point de commerce, point de grandes routes, les rois sans puissance , les peuples foulés aux pieds, la guerre civile permanente, la religion gardant toujours son grand caractère dans les médiations, mais offusquée, et comme dégradée par mille superstitions infâmes, nul autre frein aux passions déchaînées que ces fausses terreurs qui donnent une voix à des objets fantastiques, pour laisser la conscience sans voix. Si ce sont là des modèles à suivre, il faut renoncer à toutes les notions du bon sens.

Arrêtons-nous un moment sur cet examen du régime féodal, dont il importe plus que jamais de montrer, nous ne disons pas l'absurdité, mais le danger. Comme on ne peut, à moins de la plus étrange prévention, fermer les yeux sur les hideux effets d'un pareil système, il faut se demander en quoi précisément il était si dangereux, et rechercher la cause secrète de tous les maux qu'il enfanta. Cette cause secrète, osons le dire, c'est que les gages des officiers n'étaient point payés en argent, mais en terres. Supposez des honoraires annuels, la couronne conserve tout son pouvoir. A la place des honoraires substituez des domaines; vous aurez ce que vous avez eu, des usufruitiers qui voudront se faire propriétaires, qui tenteront tout pour le devenir, qui le deviendront à la fin, et qui seront dèslors indépendans et dans l'office et dans le fief. Cela seul peut nous faire juger combien de tempéramens exige, et avec combien de restrictions on doit adopter cette doctrine de M. Fiévée, que la base de tout établissement public est la propriété (9).

On cite les établissemens de saint Louis. Lirons-nous donc toujours l'histoire sans la comprendre? Ceux qui ont pu surmonter le le dégoût et l'horreur qu'inspire à des cœurs français cette lugubre partie de nos annales si enveloppée de brouillards, si féconde en misères, et compter les degrés de notre avilissement dans la longue agonie de cette race de Charlemagne, si cruellement déshéritée, si glorieusement remplacée, savent combien il a fallu d'art, de soins, de génie, de constance, de vertu pour nous ramener de si loin, pour nous relever de si bas. La liberté renaissait insensiblement, protégée par le trône ; mais ses accroissemens étaient encore bien faibles, lorsqu'un esprit aventureux poussa vers d'autres terres ses oppresseurs. Ce fut là son adolescence ; elle grandit de règne en règne, et pour la première fois une fausse politique servit l'humanité. Ce fut alors que les communes purent racheter de leurs seigneurs le droit de la nature. Alors commencèrent à se briser ou à fléchir toutes ces ambitions auparavant liguées pour le mal, divisées pour le bien, toujours aussi prêtes à s'armer les unes contre les autres, qu'à se confédérer contre l'unité. L'affranchissement se fit par communes, plutôt que par individus, afin d'opposer des masses à des masses ; les droits individuels n'auraient pas manqué d'être absorbés ; un faisceau résistait davantage ; et le pouvoir démocratique, pour parler la langue de M. Fiévée, sortit de ses ruines (10).

Ici la scène change. Ce ne sont plus les possesseurs des fiefs qui se rendent redoutables, ce sont ces corporations qui ont pris un esprit personnel; ces communes d'abord satisfaites de n'être plus sous le joug, puis désirant l'indépendance, puis affectant la souveraineté; ces grands corps de magistrature médiateurs astucieux, représentans sans mission; ce n'est plus contre une oligarchie féodale que nos rois ont à se défendre, c'est contre une sorte d'oligarchie démocratique. Le calvinisme, en soumettant l'autorité religieuse à l'examen, enseigne à fouiller dans les racines de l'autorité politique. Une célèbre institution fondée pour le combattre, le seconde à son insu, et l'esprit théocratique s'arme aussi de séditieuses doctrines. Calvinistes et ligueurs, par un esprit contraire, s'élèvent ou pour affaiblir, ou pour avilir l'autorité royale. Du milieu de ces sanglans débats, le cri de république se fait entendre, ce cri qui devait, deux siècles après, ébranler tous les monumens de la sagesse des hommes. La république était, je le répète, mais sous des formes diverses, dans le cœur des catholiques, et dans le cœur des calvinistes.

Car, il faut le dire, l'esprit de la république est un esprit d'agitation et de tumulte ; ce n'est que par l'agitation et le tumulte qu'il s'entretient ; ses mouvemens sont des couvulsions ; il s'éteindrait dans la langueur, et c'est une impérissable loi de la nature, qu'il se trouve partout où il y a fermentation. Entre le ligueur Senault, demandant si les peuples sont faits pour les rois, ou plutôt les rois pour les peuples, et les Rochelois partageant la France en huit cercles sous le gouvernement d'un capitaine-général, soumis lui-même à l'autorité d'une assemblée souveraine, la différence de tems et d'esprit n'est pas grande. Lorsqu'enfin l'administration vigoureuse du cardinal de Richelieu eut tout à fait dissipé les vestiges du système féodal, on regretta d'avoir trop donné au pouvoir populaire, tant il est difficile de tout coordonner parfaitement dans un système qui se compose d'élémens contraires !

C'est à l'époque où la puissance des seigneurs était sur son déclin, où la puissance des communautés et des corporations s'élevait toujours plus menaçante, que les intendans reçurent des attributions spéciales.

Je ne sais si l'on doit donner le nom d'intendans à ces maîtres de requêtes envoyés dans les différentes provinces afin de prendre connaissance des griefs, et dont l'édit de 1553 règle les *chevauchées*. On ne reconnaît dans cet édit, et dans plusieurs autres subséquens, que les rudimens d'une institution, jusque-là, que plusieurs jurisconsultes fixent l'origine des intendances à l'année 1635 ; toujours est-il certain que la province de Béarn n'eut point d'intendant avant 1682. Ce n'est guère que l'édit du mois d'avril 1683 qui régla les attributions de ces délégués, et donna un caractère fixe à cette magistrature nouvelle. Si l'on veut savoir maintenant dans quel esprit elle fut instituée, la date seule de l'édit en dira plus que tous les raisonnemens. C'était l'apogée du règne de Louis XIV. Qu'était sous ce monarque la puissance des grands vassaux ? Mais la puissance des corporations n'était point abattue, l'esprit démocratique n'était pas éteint ; il n'était qu'étonné par les merveilles de ce règne. Et ce ne sera pas une remarque à dédaigner, que la création des intendans, ou du moins la fixation de leurs attributions n'est antérieure que de deux ans à la révocation de l'édit de Nantes.

Et quand ce rapprochement de dates ne montrerait pas la vérité, elle sort de la nature même et de l'étendue du pouvoir des intendans ; justice, police, finances, tout était de leur ressort. Ces attributions immenses, ils les exerçaient sinon sans conflit du moins sans partage. Point de tribunal, point de rapporteur, point de conseillers, point de partie publique ; emprunts, aliénations, transactions, élections, ils présidaient à tout ; la communauté ne pouvait s'assembler que par leur ordre ; elle ne pouvait plaider sans leur autorisation ; c'était en leur présence que le receveur de la commune rendait ses comptes ; le rétablissement d'un presbytère n'eut pas été légal sans leur attache ; l'inventaire des papiers d'une commune aurait été frappé de nullité, s'ils n'eussent commis quelqu'un pour assister à cet inventaire. Dans les provinces mêmes, que leur position géographique, et leur esprit héréditaire, et leur incorporation récente nous faisaient une loi de ménager, en Corse, par exemple, la nomination des podestats ou pères du commun n'avait de validité qu'après la ratification de l'intendant.

Retenu par les bornes que je me suis tracées, je n'ai fait qu'effleurer des questions profondes et fécondes qui demanderaient des volumes. Heureux de saisir le fil d'Ariane, et de l'offrir à de plus habiles mains ! Je crois néanmoins en avoir assez dit pour montrer que si le système des divisions, des corporations, de ce qu'on veut appeler affranchissement et libertés, a quelquefois été favorisé par nos rois, il ne l'a pas été du moins dans un esprit semblable à celui qu'on s'efforce d'introduire. C'est une puissance qu'ils ont opposée à une puissance ; lorsqu'elle a tenté de remplacer la première, ils ont agi contre elle, comme ils avaient agi contre la première. Une révolution devait naître dans un sens ou dans l'autre. Les abus féodaux étaient détruits ; mais les priviléges seigneuriaux ne l'étaient pas : le germe des résistances existait donc ; ce mot dit tout. Une autorité qui flotte entre deux tyrannies ne peut jamais prévoir où le flot la conduira ; et l'on aura peine à déterminer la nouvelle forme que ces luttes devaient imprimer à la France, si la grande crise ne fût venue tout détruire, et la royauté, et la liberté, et le pouvoir du prince, et celui des communes.

L'esprit de la monarchie n'est donc pas le rétablissement des corporations, puisque ce rétablissement n'eut pour cause que le besoin de repousser les agressions des seigneurs ; puisque l'autorité royale se montra toujours attentive à modifier ces libertés, quand elles eurent pris un accroissement dangereux.

Rétablir maintenant ces libertés, sans leur

opposer quelque chose au moins du pouvoir féodal, ce serait instituer la démocratie pure. Rétablir et ces libertés, et les priviléges qu'il est dans leur nature de combattre, c'est fonder notre existence sur deux principes de mort, et, pour nous guérir de nos maux, rouvrir l'abîme d'où ils sont sortis.

—

CHAPITRE V.

Que notre situation actuelle repousse l'innovation proposée.

LES argumens de M. Fiévée ne sont pas toujours neufs. Avant, bien avant lui, on avait écrit « qu'en ramenant à Paris tous les fils de
» l'administration, il se trouve que c'est dans
» le lieu où l'on ne sait que par des rapports
» éloignés, où l'on ne croit qu'à ceux d'un
» seul homme, où l'on n'a jamais le tems d'ap-
» profondir, qu'on est obligé de diriger et de
» discuter toutes les parties d'exécution ap-
» partenantes à cinq cent millions d'imposi-
» tions subdivisées de mille manières par les
» formes, les espèces et les usages (a). » Je

(a) Necker, *Mémoires sur les Administrations provinciales.*

ne me ferai point une arme contre M. Fiévée
de ce rapport d'idées et de langage entre lui
et l'homme qu'on accuse d'avoir conçu la révolution ; et M. Fiévée doit m'en savoir quelque gré, car dans le parallèle, ce n'est point
à lui que resterait l'avantage. Quel que fût
son projet ultérieur, M. Necker avait un pré-
texte ou un motif qui manque à M. Fiévée.
Tout était dans la confusion ; les provinces
trop libres ou trop dépendantes ; l'administration générale, ici toute-puissante, là sans
pouvoir ; le sceptre despotique des intendans
n'ayant de contrepoids que le sceptre aristocratique des parlemens ; les peuples écrasés,
ou sous la dictature des uns, ou sous la tutelle
des autres ; les provinces divisées pour la perception seulement d'une branche de l'impôt
en grandes gabelles, petites gabelles, salines,
franches, rédimées , quart - bouillons ; une
foule immense d'abus accidentels et locaux
établis par l'empire de la coutume qui ne le
cède guère à l'autorité de la loi. Comparez
l'ordre actuel à ce désordre. Unité d'administration ; uniformité de perception ; des pré-
fets dont les attributions ne sont pas, comme
celles des intendans, vagues, incertaines, contestées, qui n'ont point une province entière
à régir, qui ne sont point juges, qui ont au-

près d'eux un conseil exclusivement chargé du contentieux ; qui ne délèguent point eux-mêmes, et sans la participation de l'autorité supérieure, leurs pouvoirs à des sous-intendans. Comme on ne doit pas craindre de répéter les vérités utiles, je remarquerai de nouveau que la réforme proposée par M. Necker n'était qu'une simple expérience, qu'il se défiait d'un changement brusque et rapide, qu'il ne le proposait point à la suite d'une secousse horrible, sur le cratère d'un volcan ; sur-tout qu'il ne disait point aux peuples : Les circonstances où le Gouvernement se trouve sont difficiles ; il en faut profiter ; il demande des subsides, demandez-lui des priviléges ; n'accordez rien, s'il n'accorde tout. Que la patrie, s'il le faut, périsse ! mais que toutes les ambitions triomphent ! Le budget ne saurait être réglé sans vous ; ordonnez !

Je veux bien pour un moment accorder à M. Fiévée qu'il règne en effet dans les affaires publiques cette inertie qu'amène l'immensité des détails. Une première question à éclaircir, ce serait de savoir si l'on ne peut obvier à quelques abus, sans changer tout le système ; s'il faut absolument abattre sa maison pour la réparer ; si le remède qui est dans la chose n'est pas toujours plus efficace que le remède qui est hors de la chose.

Mais est-il bien démontré que le rétablissement de cette mécanique à mille rouages allégerait le ministère ? Il existe en France quatre cent quatre-vingt-huit professions sujettes au droit de patentes. Voilà quatre cent quatre-vingt-huit corps qu'il faudra constituer, quatre cent quatre-vingt-huit petites républiques dont il faudra tracer les bornes, régler les statuts, surveiller l'administration ; que sais-je ? Un publiciste d'un grand mérite, l'auteur des Considérations sur l'organisation sociale, et d'une brochure plus récente sur les finances, propose de fixer à cent le nombre des corporations. Il faudra donner des réglemens à chacune de ces corporations. Ces réglemens pourront ne pas être les mêmes dans toutes les provinces. Pour peu que les localités exigent des modifications, voilà bien huit mille six cents réglemens à dresser, et je ne sais combien d'élections à diriger ou du moins à ratifier. Appelle-t-on cela alléger le ministère? Dira-t-on que ce n'est là qu'un encombrement momentané ? Ainsi vous préludez à la réforme en augmentant l'abus. Et après avoir créé, ne faudra-t-il pas maintenir, surveiller, réparer ? Peut-être réserverez-vous ce soin aux intendans, et, pour affranchir les peuples d'un pouvoir éloigné, rendrez-vous plus pesant un pouvoir immédiat ; qu'il vous souvienne comme la tyrannie des grands vassaux a commencé. Peut-être affranchirez-vous les corporations aussi bien de la surveillance des intendans, que de celle des ministres. Voilà bien de la démocratie, à ce coup, et, qui pis est, de la démocratie sans unité.

Mais n'entre-t-il point de l'arbitraire dans cette division ? Est-on bien assuré de pouvoir réduire à cent les quatre cent quatre-vingt-huit professions existantes ? On s'étayera peut-être de l'analogie du travail ; mais cette analogie même est précisément ce qui empêche la fusion. Il y a dans les professions des rivalités, même des haines héréditaires, fondamentales, en quelque sorte constitutives ; et c'est toujours entre les professions qui se touchent de plus près : *Rara inter fratres concordia.* A chacune de ces professions s'attachent les mystères des initiations et des ralliemens qui peuvent cacher d'autres mystères. Avez-vous la prétention d'étouffer toutes ces francs-maçonneries ; ce serait vouloir le but sans les moyens. Espérez-vous de les concilier entr'elles et de les rattacher à l'autorité aussi facilement que vous soumettez des soldats à une manœuvre uniforme ? Ce serait bien peu connaître l'esprit et le cœur humains. Peut-être avez-vous la promesse que le vieux levain de la ligue cessera de fermenter, que l'esprit révolutionnaire s'éteindra précisément avec les moyens qui l'ont fait naître, et par les mêmes mains qui l'ont conservé si long-tems comme le feu sacré. Vous empêcherez peut-être que ce syndic de communauté, après sa gestion, ne se considère comme un consul déposant les faisceaux ; que ce prud'homme ne se persuade qu'il vaut bien un conseiller d'état ; que cet orateur ne se croie appelé à sauver la France : car vous penseriez à tort avoir circonscrit les ambitions ; une fois excitées, elles ne prennent point si facilement le change ; cette circonscription était bonne autrefois, qu'elles s'ignoraient elles-mêmes ; mais aujourd'hui toutes les barrières ont disparu, toutes les pensées se portent vers les hauteurs. Ce qui était autrefois le but ne sera plus qu'un degré pour arriver au but. Pour contenir les passions dans de justes bornes, irez-vous multiplier les réglemens, les châtimens, les inquisitions, les délations ? Voilà des libertés bien utiles et bien assurées.

Peut-être est-ce la prospérité de l'industrie qu'on envisage ; car dans l'État de faiblesse et de dépendance où nos fautes nous ont placés, tributaires de l'Europe, et plutôt détenteurs que possesseurs d'une faible quantité de numéraire qui s'échappe tous les jours de nos mains, les moyens de réparer des déperditions sans mesure qui nous épuisent méritaient bien d'arrêter un moment la pensée de l'auteur ; et si l'établissement des corporations ou communautés d'arts et métiers présentait ces moyens, incertain entre la raison d'état qui proscrit les fermens révolutionnaires, et la raison d'état qui exige une industrie plus féconde, si je ne trouvais pas de motifs pour adopter l'opinion de M. Fiévée, je n'en trouverais point pour la rejeter. Mais les corporations ne vont point sans les priviléges exclusifs ; sans cela que serait une corporation ? Je veux que la possession actuelle soit un titre ; mais malheur aux prétendans ! maîtres anciens, maîtres nouveaux, tous formeraient une ligue contre l'industrie naissante, et les nouveaux ne seraient peut-être pas les moins ardens à proscrire. Or, veut-on connaître ce que pensait de cette intolérance un homme qu'on n'accusera pas d'avoir ignoré nos ressources, ou de les avoir dissipées ? C'est Colbert :

« La rigueur qu'on tient dans la plupart

» des grandes villes de votre royaume pour
» recevoir un marchand, est un abus que
» Votre Majesté a intérêt de corriger ; car il
» empêche que beaucoup de gens ne se jet-
» tent dans le commerce où ils réussiraient
» mieux bien souvent que ceux qui y sont....
» Est-il juste, s'ils ont l'industrie de gagner leur
» vie, qu'on les en empêche sous le nom de
» Votre Majesté, elle qui est le père commun
» de ses sujets, et qui est obligée de les pren-
» dre sous sa protection ? » *Test. pol.* de Colb.

Si l'on objectait par hasard que ceci ne s'applique point à toutes les communautés ou corporations, mais seulement à la communauté des marchands, je répondrais d'abord que dans le même chapitre Colbert demande une pareille faveur pour d'autres branches de l'industrie ; preuve qu'il croyait défendre un principe plutôt qu'une dérogation ; ensuite qu'il ne serait pas juste d'accorder aux uns l'*affranchissement* que conseille Colbert, et aux autres celui que conseille M. Fiévée ; car ce sont deux affranchissemens qui ne se ressemblent guère.

On lit dans un recueil estimé de jurisprudence (*a*) que les bergers de la généralité de Soissons « étaient parvenus, par l'union qui ré-

(*a*) *Traité des Droits, Fonctions, Franchises*, etc., t. 3.

» gnait entr'eux, et par des menaces, voies
» de faits et meurtres, à empêcher les fer-
» miers de renvoyer des bergers dont ils
» n'étaient pas contens, et de prendre à leur
» service ceux qui n'étaient pas de race de
» bergers, ou qui n'étaient pas d'accord avec
» ceux du pays, etc., etc. »

J'affirme qu'il n'y a pas de province, pas
de village, pas de bourg qui ne puisse fournir
de pareils exemples.

On veut constituer le pouvoir démocratique; et, pour le constituer, on l'embarrasse
de tant d'entraves, qu'à l'application il ne
sera plus que dans les livres de ses prôneurs.
Je sais que vous êtes riches en décisions ; car
ici, tout en confessant que vos constructions
manquent de ciment et de mesure, vous
ne laissez pas de les ordonner en maîtres,
comme si le premier devoir de celui qui commande n'était pas au moins d'annoncer clairement ce qu'il commande ! Ce pouvoir démocratique, que je ne conçois pas trop bien, et
que vous ne prouvez pas que vous conceviez
beaucoup mieux, en isolerez-vous les foyers? Si
vous les réunissez, c'est-à-dire, si vous daignez
consentir à ce que le système représentatif con-
coure avec ce pouvoir, faudra-t-il conserver,
faudra-t-il abolir les conditions actuelles de l'é-

ligibilité? Les conserver me paraît difficile; car dans ce système ce ne sont pas les corps, mais les individus qui sont représentés, et vous n'auriez pas gagné beaucoup à réunir les individus en corporation s'il fallait dissoudre les corporations en individus. Ici les questions se pressent sur la règle, sur le mode, toutes compliquées, toutes insolubles. En supposant que les corporations, par le seul fait de leur existence, aient droit à la représentation, sera-ce en raison de leur nombre ou du nombre des membres qui composent chacune d'elles, ou de la population du pays? Si vous prétendez conserver tous ces élémens, il en résultera le chaos; si vous en laissez le choix aux intéressés, il n'y aura pas deux départemens en France où le procédé des élections soit le même; et c'est peut-être ce qu'on désire. En supposant que l'exercice des droits politiques soit indépendant des corporations, que restera-t-il à votre pouvoir démocratique? Quelques minutieux détails de police intérieure, quelques ridicules tracasseries, quelques petites élections bien orageuses, bien contestées. Il me paraît assez naturel qu'avant de proposer une réforme on commence par la calculer, et assez probable que des calculs exacts seraient, aux yeux de la plupart des hommes, d'un aussi grand poids que des dogmes tranchans prononcés de ce ton d'oracle qui nous ordonne de nous taire et de croire (11). Somme toute, ou la Charte ou l'indépendance des provinces ; les deux impliquent, et les apôtres de la réforme le savent bien.

Au moins, disent-ils, vous aurez des administrations libres, puisqu'elles seront propriétaires. J'avoue, en toute humilité, que je ne suis pas très-convaincu qu'il faille absolument qu'une administration soit propriétaire pour être libre. Je me figure qu'on régit mal un bien qui n'est pas véritablement à soi ; que l'on s'enquiert peu du mode de régie d'un bien qui n'est pas véritablement à soi ; enfin, l'esprit de communauté et l'esprit de propriété ne me semblent pas du tout un même esprit : si je voulais envisager la chose en elle-même, je ruinerais d'un mot le faste d'un système qui, en attaquant la propriété par sa base, ne laisse pas de se dire fondé sur la propriété. Selon M. Fiévée, « nos aïeux ont souvent » député aux assemblées nationales des hommes qui n'étaient pas riches....... C'est » qu'alors les libertés des communes et des » provinces étaient entières ; qu'elles jouis- » saient de leurs biens, de leurs revenus, » les administraient, et qu'elles en faisaient

» ce qui leur était convenable, et ne concer-
» naient en rien l'administration générale....
» S'il était dans leur intérêt qu'un homme
» de mérite ayant peu de fortune parût aux
» Etats-généraux, il y paraissait ; le reste
» regardait la province, et le Gouvernement
» n'allait pas même jusqu'à soupçonner qu'il
» pût s'occuper de ces détails de ménage. » (a)

C'est-à-dire que la Charte exige la propriété individuelle, tandis qu'autrefois la propriété communale tenait lieu de tout ; c'est-
à-dire qu'elle la veut réelle, et non fictive ;
c'est-à-dire qu'elle demande une garantie aux
individus qui passent, et non pas aux grands
corps qui restent. De quel côté est la sagesse?
De quel côté est le respect dû à la propriété?

Mais j'ai promis de ne considérer ici les
doctrines de M. Fiévée que dans leur rapport
avec notre état présent. Or, dans notre état
présent, bien des communes sont sans propriété : comment accordera-t-on leur régime
intérieur avec celui des communes propriétaires? Aurons-nous ici une forme d'administration, là une autre forme? Voilà bien ces
bigarrures que l'on appelle des libertés. Je
m'arrête ici pour n'avoir pas toujours à redire
les mêmes choses.

(a) *Hist. de la Session de* 1815.

Il y aurait bien un tableau à faire de toutes les rivalités des provinces d'un même empire , des communes d'une même province , des corporations d'une même commune. Si j'avais l'éloquence de M. Fiévée , je triompherais à peindre ces luttes d'intérêts , de préjugés , de vanités , et les spéculations d'une province riche en moissons sur la misère d'une province voisine , et le commerce de France ennemi du commerce de France ; j'exhumerais les vieilles traditions ; j'interrogerais les vieux usages , et partout mes conjectures resteraient peut-être au-dessous de la vérité , tant il a d'ascendant sur les cœurs cet amour de l'indépendance , si ressemblant au premier coup-d'œil , si contraire en effet à l'amour de la liberté ! Le nœud qui rattache les parties au tout une fois rompu , que pouvez-vous attendre ? Des convulsions , des déchiremens , des jalousies , de tièdes amitiés , des haines violentes. Les Basques célèbrent encore , dans leurs chansons , la défaite de Roncevaux ; les Normands n'ont pas oublié Rollon ; les paysans bretons viennent rêver , dans leurs déserts , aux pieds de ces monumens qui attestent leurs lois perdues ; il n'en est pas un qui , dans ses veillées , n'entretienne ses enfans du grand Noménoé , qui brisa le joug de la France ; et des tragédies populaires éternisent ces antiques souvenirs. Et quelle province n'a pas les siens ? Quelle province n'eut pas ses lois, ses usages, ce qu'elle appelait ses priviléges ? Prenez garde qu'en l'isolant vous lui rendez le désir de les recouvrer. Tant qu'elle n'aura pas tout, il lui semblera qu'elle n'a rien ; et, malgré votre brevet *d'affranchissement*, elle ne se croira pas *affranchie* : c'est là l'histoire du cœur humain. Accordez-lui un point, vous le rendez plus exigeant sur d'autres. J'en appelle à M. Fiévée lui-même, qui des modestes honneurs de l'in-18 a voulu monter à ceux de l'in-12, et qui, parvenu là, n'a pas eu de relâche qu'il ne se soit donné ceux de l'in-8°.

CONCLUSION.

Quel est le premier besoin du Prince? Quel est le premier besoin du peuple ? J'éprouve une sorte de répugnance à séparer, dans la discussion, deux choses inséparables dans leur nature. Mais nous sommes accoutumés à nous payer d'abstractions, et celle-ci du moins me présente cet avantage, qu'elle fait ressortir doublement la même vérité.

Le premier besoin du Souverain , c'est l'ordre ; tout ce qui gêne , tout ce qui menace l'ordre , gêne ou menace le Souverain. Assis , nouvel Henri IV, sur un trône long-tems désert, et plus long-tems souillé, il sait sur quels débris ce trône repose, et quels volcans à peine éteints fument encore à ses pieds ; il sait qu'une seconde ligue s'était formée bien autrement formidable que la première, et qu'il n'est pas une découverte politique ou morale dont elle ne se soit fait, depuis vingt-cinq ans , une arme contre toute morale et toute politique. Déjà , il faut l'avouer, ses fureurs sont tombées, ses ravages s'effacent ; et la bonté du Prince pénètre dans des cœurs glacés ou corrompus , comme un soleil doux dans une terre rebelle. Et c'est dans ce premier moment de salut qu'on ose troubler de si chères influences ! C'est au milieu des miracles de la légitimité qu'on ose interposer un médiateur nouveau entre elle et ses peuples ! A peine triomphe-t-elle seule et sans partage , et par sa propre puissance , qu'on lui cherche de toutes parts des auxiliaires , comme pour lui ravir l'honneur du triomphe. Ce serait peu , si ces auxiliaires n'étaient point des ennemis ; si ces milliers de magistratures populaires et de républiques indépendantes , si bizarrement groupées autour de la royauté , n'étaient point autant d'élémens de discorde et de ruine; car, d'une indépendance réciproque il ne peut naître que la guerre. J'en ai donné la preuve: l'intérêt de nos anciens Rois demandait précisément ce que proscrit l'intérêt actuel du trône; ou plutôt la royauté , comme la liberté, n'ont jamais eu qu'un intérêt : c'est L'UNITÉ.

Le premier besoin du peuple, c'est d'être libre ; car qui dit libre, dit heureux. Il le sera dans une dépendance réciproque ; il le sera dans un échange continuel de secours entre toutes les classes , toutes les professions. Il ne le sera pas si chaque profession s'isole ; il ne le sera pas si la France se hérisse de mille barrières morales qui ne tarderont pas à devenir des barrières réelles. Il ne le sera pas si son industrie reçoit de chaque institution de nouvelles entraves ; si, pour un joug qu'il a maintenant à porter, vous lui en imposez plusieurs, et celui de l'Etat, et celui de la province, et celui de la commune, et celui de la corporation. Vous lui promettez des tuteurs ; peut-être se laissera-t-il séduire par vos promesses ; mais il apprendra bientôt à les connaître ces tuteurs intéressés. S'il a pu oublier la protection des parlemens, s'il a pu oublier que le premier suzerain qui le déroba à la protection de son Roi lui promit aussi les bienfaits de sa tutelle, ce pouvoir immédiat qu'il aura sans cesse sous les yeux ne tardera pas à le désabuser. Il est dans sa nature de haïr l'aristocratie plus que toutes choses, parce que l'aristocratie protège avec arrogance, qu'elle n'a pas assez de grandeur pour faire oublier son pouvoir, qu'ayant peu elle jouit impérieusement de ce qu'elle a, et désespère tous les jours les petits par l'insupportable orgueil de ses manières ; aussi est-ce toujours contre l'aristocratie que ses soulèvemens se sont dirigés, parce qu'il y voit son plus constant et son plus proche ennemi ; enfin, il a des droits politiques, vous prétendez y substituer des droits de corps ; mais ne pensez pas qu'il prenne long-tems le change. L'homme des campagnes s'apercevra bientôt lui-même que vous avez circonscrit sa patrie, que de citoyen de la France, vous l'avez fait citoyen de son bourg ; et croyez qu'il chercherait plutôt à faire de son bourg le centre de la France, qu'à n'être plus, si j'ose le dire, qu'une fraction de lui-même.

On ne cesse de crier : Rendez-nous nos anciens usages ; il vaudrait mieux dire : Affermissez les nouveaux.

NOTES.

—

(1) Il faut toutefois que je confesse un scrupule. Que puis-je dire contre les opinions de M. Fiévée, qu'il n'ait lui-même bien mieux dit? Lutter contre lui, n'est-ce point s'engager dans une carrière sans but? Cet homme est également à charge à ses adversaires et à ses défenseurs. Il a le secret de se trouver aux côtés des premiers, quand ils le croient en face; et contre les seconds, quand ils le croient à leurs côtés. Un géomètre aurait bientôt fait justice de tout cela, par un procédé très-simple qu'on nomme réduction algébrique. Mais il faut être géomètre pour oser supputer ainsi la valeur de plusieurs in-12, et d'un in-8°.

Par exemple (et cet exemple est choisi entre mille), veut-on savoir comment M. Fiévée définit la loi? *La loi, dit-il, n'est pas ce qui est juste, n'est pas même ce qui est raisonnable; mais ce qui est loi; c'est-à-dire, ce qui règle et oblige.* N'est-ce pas dire en d'autres termes que la loi n'est pas ce qui règle et oblige, mais bien ce qui règle et oblige? Ainsi, la proposition contenant exactement ce qu'il faut pour se neutraliser elle-même, il faut supposer que l'auteur n'a rien dit.

Je me trompe ; il veut avoir dit quelque chose : « C'est une définition dont chaque jour on sent de plus « en plus l'admirable justesse ; car le maintien de la

» société en dépend, même. lorsque la société va
» mal. »

Ou les mots sont créés pour frapper l'oreille sans
exprimer aucun sens, ou cela veut dire que la société
est perdue, même si l'on substitue le juste à l'injuste,
la raison à la folie : ce qui contredit manifestement cette
sentence d'un auteur dont M. Fiévée ne récusera pas le
témoignage, car c'est M. Fiévée lui-même : « Tout ce
que les Français ont pu apprendre depuis vingt-cinq
ans, est positivement ce qu'il faut qu'ils oublient. »
(*Troisième Partie de la Correspondance*, pag. 115.) Il
est vrai que, pour balancer une si respectable autorité, l'auteur peut en invoquer une aussi respectable ;
et c'est encore M. Fiévée lui-même : « On ne peut,
dit-il, changer ce qui est ; et ce qui est depuis vingt-
cinq ans a donné un mouvement général qui fait aujourd'hui notre existence, et ne pourrait s'arrêter sans
la compromettre. (*Cinquième Partie*, pag. 45.)

Le plus surprenant, c'est que toutes ces contradic-
tions sont débitées avec le même air d'autorité, comme
si le pour et le contre sortaient d'une même convic-
tion. Bayle a quelquefois exposé le pour et le contre ;
mais ce n'est pas une même chose de les exposer et de
les soutenir. Je trouve dans le scepticisme une sorte
d'humilité qui ne va guère à nos mœurs. Un homme
qui doute se méfie de lui-même. Il est bien plus beau
de ne douter de rien.

(2) Ce mot de priviléges a pour M. Fiévée un attrait
merveilleux ; il le retourne, le tourmente, le presse,
pour tirer de l'étymologie de ce mot l'utilité de la
chose. Mais Court de Gébelin lui-même, avec toute

la subtilité de ses méthodes, ne trouvera jamais dans les racines d'un mot l'apologie d'un abus. Au contraire, ou la grammaire est une insipide routine, ou l'objet spécial de ses analyses est de mieux faire ressortir un vice caché sous une expression complexe.

L'objet de la loi est de lier, c'est-à-dire, d'unir ; or, une loi particulière serait une loi qui délierait d'abord pour lier ensuite, qui ne réunirait qu'après avoir dissous. Supposons une loi particulière pour chaque individu. Il y aura bien rapport et liaison entre les actions de chaque individu ; mais il n'y en aura pas entre cet individu et tous les autres ; et de cette foule innombrable d'unités, il ne résultera point une somme, parce qu'une somme ne se forme point avec des natures différentes. Il est clair que l'effet ne change point, si à l'individu vous substituez la famille, ou la corporation, ou la tribu. Seulement ici chaque groupe ne comptant que comme unité, le nombre des unités sera moindre, mais il n'y aura pas pour cela plus de liaison entr'elles. Afin de justifier son opinion, M. Fiévée, dans son nouveau livre, tire la nécessité des priviléges, de la nécessité des réglemens particuliers aux militaires, aux marins, aux marchands, aux avocats. C'est abuser étrangement de son esprit que de confondre des règles de situation avec des conditions d'existence ; il vaudrait autant soutenir que chaque famille obéit à des lois de famille particulières, parce que le régime domestique n'est pas le même pour toutes ; comme si les rapports de père, de fils, d'époux et de frères, c'est-à-dire les rapports constitutifs de la famille changeaient avec le régime domestique. Concluons. La véritable loi est celle qui est la même pour tous. Il y a plus : celle-là seule a le caractère de loi, parce que seule elle forme le faisceau. Le 1er article de la Charte porte : *Que tous les Français sont égaux devant la loi, quels que soient d'ailleurs leurs titres et leurs rangs*, c'est-à-dire, qu'il n'y a qu'une loi pour les Français, c'est-à-dire, qu'il n'y a qu'une France.

(3) Dans son nouvel ouvrage, il aborde la question avec plus de franchise, sans négliger toutefois les précautions d'usage. Comme il est dans la nature d'un bon esprit de ne procéder que par degrés, il faut espérer qu'un troisième ouvrage nous révélera sa pensée tout entière. Mais en vérité la révélation serait un peu tardive, et le voile est déjà si transparent, que ce n'est plus la peine de le déchirer.

(4) M. Fiévée n'est pas le seul qui donne ainsi pour des raisons sans réplique l'équivoque analyse des mots. Avant lui, on avait mis en principe (et il serait bien étonnant qu'il n'eût pas fait son profit d'une telle découverte) que toutes les charges et tous les emplois étaient dévolus de droit aux gentilshommes, parce qu'en décomposant ce mot de gentilhomme, on y trouve *homo gentis*, l'homme de la nation. Voilà, certes, une belle autorité pour fonder le droit public ; Louis-le-Jeune aurait eu bonne grâce à renvoyer l'abbé Suger dans son cloître, et Louis XIV à renvoyer Catinat au barreau de sa petite ville, par ce puissant motif qu'ils osaient servir la nation, sans être nés les hommes de la nation.

(5) Je sais que ma doctrine de l'unité n'est pas tout-à-fait celle de Montesquieu. Mais que M. Fiévée

ne se hâte point de triompher ; la doctrine de Montesquieu est encore moins la sienne. Ce grand homme, qu'on n'a pas accusé sans motif de ne voir que les faits, et de ne chercher ce qui doit exister que dans ce qui existe, n'avait en vue, en établissant sa théorie de la distribution des pouvoirs, que la constitution d'Angleterre. Et pour régler d'un mot mon compte avec M. Fiévée, qu'il se souvienne que Montesquieu n'établit point dans l'État un corps ou un individu gouvernant, plus un corps faisant des lois, plus un corps rendant la justice, le tout géométriquement compassé et séparé, comme M. Fiévée entend un monarque avec ses pouvoirs, plus un corps de noblesse avec ses pouvoirs, plus un corps de plébéiens avec ses pouvoirs ; car la constitution anglaise elle-même déposerait contre Montesquieu, puisque le souverain a précisément en Angleterre cette part aux trois pouvoirs que la constitution lui donne en France.

Lorsque dans ce même chapitre Montesquieu prétend que la cumulation des pouvoirs constitue le despotisme, il abuse évidemment de ce mot de cumulation, ou l'entend dans un sens qui serait bien peu avantageux à sa doctrine, puisqu'en établissant le despotisme sur ce qui n'arrivera jamais, qu'un seul homme ou un seul corps fassent tout par eux-mêmes, il conduirait à douter de l'existence même du despotisme. Quant à la participation aux trois pouvoirs, c'est là le caractère de la souveraineté. Remarquez qu'à Rome même, cet état monstrueux qui ne se défendit si long-tems contre les vices de sa double nature qu'en se plaçant et en plaçant continuellement l'univers entre la vie et la mort ; à Rome, dis-je, le sénat et le peuple jouissaient ensemble des trois pouvoirs, irrégulièrement à la vérité, violemment quelquefois, confusément presque toujours ; mais ils en jouissaient l'un et l'autre. Le peuple avait ses décrets, le sénat ses consultes, qui dans les tems du danger étaient de véritables lois ; le sénat gouvernait, mais le peuple nommait les gouvernans. Le pouvoir de juger enfin resta comme indivis entre les deux ordres jusqu'à ce qu'une loi de parti, en transférant ce pouvoir aux chevaliers, eut tout-à-fait rompu l'apparente unité qui existait encore. Je sais qu'entre deux rivaux, également forts et toujours en présence, les limites furent souvent confondues ; mais la nécessité même de ces limites était un mal.

Enfin lorsque, vaincu par l'évidence des faits, Montesquieu se voit forcé d'avouer que les républiques d'Italie réunissent les trois pouvoirs, il n'a d'autre parti à prendre que d'affirmer qu'elles sont despotiques ; ce qui s'appelle confondre les mots pour justifier la confusion des choses ; et cette fausse logique le conduit à regarder l'inquisition de Venise comme née de l'unité de pouvoir, tandis qu'elle rompait évidemment cette unité en établissant l'aristocratie dans l'aristocratie.

Swift et Sydney, ces défenseurs de la co-existence des trois pouvoirs ennemis, s'appuient, il est vrai, sur l'autorité de Polybe. Mais si les bornes de cette brochure me permettaient de telles discussions, je pourrais prouver que Polybe parle de l'union des trois formes plutôt que de celle des trois principes, moins encore des trois pouvoirs. Quant à Platon, il ne cesse de condamner la république double ; c'est *une* qu'il la veut.

(6) Me sera-t-il permis de remarquer que la division

adoptée par M. Fiévée est précisément celle de Sydney?
Di meliora piis !

(7) Quand j'écrivais ceci l'ordonnance du 5 septembre n'était point connue encore. Cet acte immortel de justice et de raison sauve la France, en sauvant la Charte de ces interprétations captieuses qui sont pires que des attaques directes. L'essence du vrai est d'être immuable.

(8) Il ne peut y avoir qu'un ministre dans un petit Etat; il peut n'y en avoir qu'un dans un Etat immense. Ainsi, le marquis de Mantoue avait un ministre, et le grand-turc n'en a proprement qu'un. Dans le premier cas, c'est faiblesse et pauvreté ; dans le second, c'est besoin de conserver les formes du despotisme, et même d'épargner le sang, en ne désignant qu'une tête ; car le despotisme succombe sous l'excès de sa force, et, poussé par sa nature vers l'extrême rigueur, il est quelquefois retenu par son intérêt dans une sorte de modération.

(9) Remarquez bien qu'en politique, comme dans toutes les autres sciences qui ne sont point purement rationnelles, on ne procède guère que par analogie. La révolution commença par dépouiller les possesseurs de fiefs, puis elle dépouilla le clergé, puis elle dépouilla les communes, puis elle dépouilla les hospices. Par une progression inverse, de concession en concession, je ne sais où l'on n'arriverait pas. On entendrait mal ma pensée, si l'on jugeait que je blâme les restitutions. Un mot célèbre, qui a retenti dans toute la France,

mettrait mon opinion à son véritable rang, et je n'embitionne pas de la voir caractérisée avec une si technique
âpreté. Je dis que tout établissement qui se fonde sur
une propriété, par cela seul concentre ses intérêts, qu'il
est à lui-même son tout, et que le nœud qui l'attache
au grand établissement politique se relâche d'autant.
Quant à la question de sa durée, question qu'on a
tranchée despotiquement, et comme si elle ne souffrait
pas plus d'objections qu'un axiôme de géométrie, je
crois qu'il est permis de douter si l'appât qu'offrent aux
révolutions ces richesses à-la-fois particulières et sans
maître, ne présente pas autant d'écueils que la consolidation des bases présente de moyens de prospérité. Ce
n'est point sur des plaines rases que les tempêtes
laissent le plus de traces de leur passage.

(10) Suivant M. Fiévée, argent et liberté sont synonymes. Tant qu'il s'en tient à ce principe, je ne l'entends pas. Veut-il dire qu'il ne doit exister de liberté
que pour ceux qui ont de l'argent? Il ne fallait pas réclamer à si grands cris l'affranchissement commun,
pour créer des ilotes; et ceux qui donneront leur argent
pour jouir de la liberté, n'auront plus, après l'avoir
donné, ni liberté, ni argent. Prétend-il que toute
liberté se réduit à défendre son argent? Pour un homme
qui ne veut point de la politique, si elle n'est guidée par
la morale, c'est entendre bien peu les intérêts de son
système.

Dans l'application, pense-t-il qu'il soit plus facile
de tirer de l'argent d'un corps que d'un individu? C'est
contre la nature des choses; et s'il faut que la Chambre

des députés, consultée par le Gouvernement, consulte à son tour une foule de chambres départementales qui consulteront les chambres municipales, qui consulteraient une foule de communautés et confréries, toutes agissantes, délibérantes, résistantes, où sera le pouvoir démocratique ? Il est clair qu'il aura tout ensemble un centre et n'en aura pas. En dernier résultat, ou la Chambre absorbera les chambres partielles, ou les chambres partielles absorberont la Chambre; et dans le dernier cas, où en serons-nous ?

Une lumière nouvelle se présente, que je voudrais ne pas apercevoir. Toutes les fois, dit l'auteur, que nos anciens Rois demandaient de l'argent aux communes, elles leur demandaient des libertés, d'où le conseil, que je ne qualifierai point, publiquement adressé à la Chambre, de lier si fortement ces deux choses dans la session prochaine, que l'une soit la condition nécessaire de l'autre. Ici je n'entends que trop M. Fiévée.

(11) « Nous parlons de libertés, dit M. Fiévée.*
» Ah! qu'on me rende seulement les droits et les priviléges dont jouissait un bourgeois de Paris sous
» Louis XIV, et il n'est pas de titre que je ne sacrifie
» sans regret à la conservation de leur jouissance ;
» qu'on me permette d'être citoyen de la plus petite
» ville comme on l'était à cette époque, et je commencerai à concevoir qu'on puisse être fier de quelque
» chose. » Rare et touchant hommage à la Charte ! il n'est donc pas vrai qu'elle nous ait rien donné ; au contraire, elle nous a ôté.

* *Hist. de la Session de* 1815.

On rira bien dans quelques années, et M. Fiévée plus que les autres, en songeant à la fortune
que font, parmi nous, quelques misérables équi-
voques.

FIN.

DE L'IMPRIMERIE DE PILLET, RUE CHRISTINE, N° 5.